AF345231

CONSÉQUENCES

DE

L'ABOLITION DU DUEL,

EN FRANCE,

OU

OBSERVATIONS

CONTRE

LE PROJET DE LOI DE 1829,

SUR LE DUEL.

« A la vita l'onor s'ha da preporre,
» Fuor che l'onor non altra cosa alcuna
» Prima che mai lasciarti l'onor torre,
Dei mille vita perdere non che una.
» ARIOSTE. »

« L'honneur est aux Français ce que l'âme est au corps.
» Un Français sans honneur n'est plus qu'un corps sans âme.

L'air de la servitude est mortel aux Français,
JEANNE D'ARC.

PAR A. J. L.

NISMES,

IMPRIMERIE DE LA VEUVE GAUDE.

1829.

AVANT-PROPOS.

Dévoué au Roi et à son auguste Famille, défenseur zélé de la Charte, j'ai cru, sous des Ministres qui sont l'objet de ma profonde vénération et de mon entier dévoûment, sous des Ministres qui veulent le bien et l'honneur de la France, qui accueillent avec faveur les avis salutaires, qu'il m'était permis à moi, particulier, comme à Lycurgue, législateur, d'exposer mes pensées sur le projet de loi sur le duel.

Aussi je les ai exprimées avec cette franchise qui convient à un ami du trône et de la patrie, franchise qui a été d'autant plus grande, que je suis persuadé que les royaumes et les empires ne périssent ou ne s'abaissent presque jamais que par les courtisans, et que je suis convaincu que Charles X, Monarque vertueux et éclairé, repousse, à l'exemple de Saint-Louis, les hypocrites et les flatteurs, pour tendre la main aux vérités.

Ce qui m'enhardit à publier mon opinion sur le duel, c'est la considération qu'une loi portée déjà à la Chambre des Députés sur cette matière a été retirée, et que, rapportée dernièrement à la Chambre des nobles Pairs, une minorité imposante de 75 contre 84 l'a rejetée.

J'eusse peut-être résisté aux élans de ma conviction que l'abolition du duel serait, si elle était ordonnée, funeste dans ses conséquences à l'honneur français ; mais, ce qui m'a porté à ne pas hésiter à la publier, c'est la perspective que me donne le nouveau projet de loi sur l'institution des conseillers-auditeurs et juges-auditeurs, appelés les *Pépinié-ristes* ; institution qui, non seulement contraire aux sentimens de l'auguste auteur de la Charte, exprimés par l'article 3 de cette Charte, et si bien renouvelés depuis par lui, par ces mots : *Chaque soldat a le bâton de maréchal de France au fond de sa giberne*, me rassure très-peu sur l'indépendance, les lumières de cette magistrature future (créée sur le privilége de la fortune), et me présente peu de garantie en faveur des citoyens qui attendront d'elle une justice distributive, ou une juste réparation aux offenses qu'ils pourront recevoir.

Enfin, ce qui me détermine à publier mes idées sur le duel, c'est que je sais que j'ai pour appui l'opinion publique, qui est, comme l'a dit Pascal, *la reine du monde.*

CONSÉQUENCES

DE

L'ABOLITION DU DUEL,

EN FRANCE,

OU

OBSERVATIONS

CONTRE

LE PROJET DE LOI DE 1829,

SUR LE DUEL.

LORD Stanhope a dit, en 1824, que la nation française était la nation la plus immorale; a-t-il été l'écho de ces vils délateurs de nos précieuses institutions, de ces ostrogots qui ne rêvent qu'au retour de l'ancien bon-temps, ou a-t-il été guidé par ce sentiment vulgaire de haine propagé politiquement en Angleterre contre tout ce qu'il y a d'honneur en France, c'est ce que je n'examinerai pas ; je vais examiner seulement et laconiquement si ma nation, en la supposant immorale, l'est

assez dans l'abus du duel, pour proposer à cet
égard la loi qui est portée actuellement devant
la chambre des députés, et qui a été déjà discutée
devant la chambre des pairs.

Dans ce court examen, je ne rappellerai pas
l'origine du duel, car il date selon moi de la
création du monde, ce qui me serait plus que
facile de prouver; je ne rappellerai pas la loi
gombette qui fut la première à ordonner que
le duel suppléerait le serment, loi d'où vint le
combat judiciaire, combat qui outrageait et le
bon sens et la divinité; je ne mentionnerai pas
toutes les lois qui furent, sur cette matière,
rendues sous Louis XIV, époque *où le duel était
aussi fréquent qu'il est rare aujourd'hui*; je pas-
serai sous silence le serment peu charitable que
fit Louis XV de n'accorder grâce aux duellistes;
je tairai les arrêts effroyables par leurs supplices, que rendirent à ce sujet quelques parle-
mens; je ne ferai point observer qu'il résulte,
soit du code pénal du 1791, soit du décret de
l'assemblée législative du 17 septembre 1792,
rapproché de celui de la convention du 29 mes-
sidor an 2, que le duel cessa d'être qualifié
crime ou délit; je n'argumenterai pas des dispositions de notre code pénal actuel, pour prouver que le duel n'y est pas prévu, et qu'il n'a
appartenu qu'à l'ignorance crasse de l'y trouver,
à l'aide d'un *microscope jésuitique*; je ne rappellerai pas les deux ou trois arrêts de chambres

de mise en accusation de différentes cours, qui, par l'effet de l'*errare humanum est*, avaient pensé que, dans l'homicide ou l'assassinat, est compris le duel, erreur dont la cour de cassation a fait justement raison; je ne suivrai pas M. M.... dans tous les articles de la brochure qu'il a récemment publiée contre le duel, brochure où le lecteur s'aperçoit de suite, par l'esprit qui semble avoir guidé l'auteur, que l'intention de celui-ci a été de faire plutôt un projet d'*hygiène* ou traité sur l'art de *vivre longuement*, qu'un projet de loi contre le duel; je ne combattrai pas en détail ses raisonnemens qui sont d'une nature telle, que, si le judicieux *Montaigne* vivait encore, il s'en emparerait pour faire un nouveau chapitre sur *les contradictions humaines*. Mais M. M.... me permettra cependant de lui assurer, sans esprit de critique, que les interprétations qu'il a cherché à donner, surtout aux dispositions claires et précises du code pénal relatives à la défense légitime, sont des interprétations si absurdes, que, si Boileau eût lu sa brochure, il eût répété : *faciunt næ intelligendo, ut nihil intelligant.*

Je me bornerai dans ce court examen à signaler quels furent jadis les vrais motifs de l'abolition du duel, à prouver que la loi proposée est intempestive, et que jamais loi n'eut moins de fondement, et enfin à présenter les conséquences funestes de son adoption.

Arrivons à ces preuves.

Deux sentimens essentiels sont gravés dans le cœur du Français, le premier est : *Vita et honor œquiparantur* ; le second : *Servitus mortalis est* ; de là, ce courage, cette promptitude à repousser tout ce qui porte atteinte à sa personne, à sa liberté, et surtout à son honneur ou réputation, soit que l'attaque lui vienne d'un grand, soit qu'elle lui vienne d'un *vilain* ; à ces nobles sentimens il joint celui de la générosité ; il pardonne sincèrement la faute involontaire, l'offenseur qui s'excuse. On comprend que je parle de la masse des Français modernes, et non de cette fraction qui fait la honte de notre patrie, et de qui on peut dire :

Ils prêchent le pardon, et ne pardonnent pas.

A l'égard desquels on pourrait ajouter : Qui ne se battent pas, mais qui cependant..... *tuent moralement.*

Nos ancêtres et les peuples qui les ont dévancés, étaient plus patiens que nous dans les outrages qu'ils recevaient ; c'est une vérité, mais cette patience était-elle chez eux vertu ou nécessité ? Tout homme de bonne foi conviendra qu'elle était le résultat de cette dernière ; en effet, s'étant peu-à-peu laissé plonger dans l'abrutissement, la dégradation, par le despotisme et le fanatisme religieux, qui opprimaient tout et partout, on conçoit qu'ils s'étaient ainsi placés à la discrétion de ceux, de qui ils avaient

consenti à recevoir l'esclavage et ses chaînes ;
celui qui reçoit avec résignation la servitude
et la honte, accepte d'avance les injures, les
outrages qui en sont les compagnes immédiats ;
d'ailleurs, celui qui se résigne à souffrir le
plus ne se résigne-t-il pas à souffrir le moins ?
Cette patience chez nos ancêtres à supporter
plus facilement les offenses que nous, n'était
point, disons-le, chez eux vertu ; elle était le
résultat de la position malheureuse où le despotisme les avait peu-à-peu placés ; je dis *peu-
à-peu placés*, car la servitude a ses degrés
comme la liberté, à cette seule différence entre elles, que la première ne peut jamais élever
son trône qu'à l'aide des temps, tandis que,
celle-ci, fille de la nature, peut quelquefois pa-
raître, briller dans l'espace d'un jour.

Nos ancêtres ou les peuples qui nous ont dévancés (je parle du tiers-état) étaient et furent, je le répète, à l'exception de quelques rares
époques, quasi ravalés à la classe des bêtes, ou
entièrement dégradés de ce respect qui consti-
tuent l'homme moral ; la magistrature, prise
en général parmi les hommes privilégiés de la
fortune, n'offrait qu'un triste secours au faible
luttant contre l'homme puissant ; on peut dire
que l'humanité était moralement mutilée.

Ce fut dans ce temps, où la nature était en
deuil, que le despotisme, conséquent dans ses
principes, tremblant que parmi ceux qui étaient

ses victimes, on entendit quelque voix s'écrier :

.... les lâches traînent leurs chaînes.
Les mortels généreux disposent de leur sort ;

C'est alors qu'il crut qu'il était urgent, pour mieux assurer l'impunité de son oppression, de proscrire le duel, et de le déclarer crime capital.

Dira-t-on que les motifs que je viens de signaler ne furent point ceux qui déterminèrent dans ces temps despotiques à soumettre le duel à des peines horribles ? L'ignorance ou la crédulité m'objectera-t-elle que ce fut l'intérêt de l'ordre public, de la morale, de la religion ? ah ! malheureuse humanité, repondrai-je ! Quand auras-tu donc des yeux pour y voir ? *O miseras hominum mentes ! ô pectora cæca !* Ignoreras-tu sans cesse que les lois, même les plus odieuses, ont toujours été décorées de ce beau protocole d'ordre public, de morale ? dis-moi si toutes ces lois qui violèrent tout ce que la nature et la divinité avaient établi de plus sacré, ne portèrent pas le même protocole ? dis-moi, si ce n'est pas, au nom de la religion et de cette même humanité, que les supplices de l'inquisition, du cangue, du bassin ardent, des chaises de fer, des auges, du cercueil, de l'apéga, du chevalet, du bûcher, du taureau, etc., etc., furent commandés par des lois, soit en France, soit chez les autres peuples ? dis-moi encore s'il est en France un seul homme éclairé, qui, ayant suivi attentivement, à l'aide de l'histoire, la marche des anciens temps ou anciennes dominations, puisse croire que nos ancêtres se fussent honteusement soumis, si le duel n'eût été aboli, 1.º à tous ces droits, charges, priviléges atroces qui pesaient jadis sur eux ; 2.º à tous ces droits seigneuriaux, corvées seigneuriales, droits de cuissage, de jambage et à toutes les vexations qui en étaient la suite immédiate ? dis-moi, enfin ; crois-tu que le roturier, bourgeois, marchand ou artisan, que la loi punissait du fouet par le bourreau et du carcan, pour contravention au droit de chasse, eût, si le duel eût été permis, souffert paisiblement, comme il le fit souvent, les coups de bâton et de fusil qu'il reçut impunément, et plus d'une fois, pour avoir chassé sur le terrain de ceux qui avaient voulu rayer de l'évangile, le précepte admirable : *Noli facere aliis quod tibi fieri nolis* ? Reviens de ton erreur, cesse d'être de glace aux vérités, et dis avec moi : *Qui donna les chaînes, voulut assurer les anneaux.*

PREMIÈRE PROPOSITION.

*La loi proposée est intempestive, et jamais loi
n'eut moins de fondement raisonnable.*

Je soutiens que la loi proposée sur le duel
est intempestive et sans fondement raisonnable,
il me sera facile, je pense, de le prouver; jamais
proposition ne fut plus facile à justifier.

J'ai dit que le Français joignait au sentiment
de l'honneur, et à la haine pour la servitude,
la générosité dans le pardon; j'espère par les
faits, qui sont les aphorismes de la raison, prouver
qu'il possède cette vertu, que jamais peuple
ne donna tant d'exemples d'oubli aux offenses et
aux outrages, et que par conséquent jamais injure fut moins méritée, que celle que lui fait
le projet de loi, puisque ce projet est basé sur
le prétexte qu'il faut mettre un frein à la *fureur
des duels.*

Je prendrai pour citation d'époque la déplo-
rable septennalité qui s'est écoulée sous le ministère Villèle, et puis la citation d'une année
quelconque, prise, soit avant, soit depuis cette
septennalité.

Dans chaque année de cette septennalité il y
a eu au moins mille dénonciations, soit contre des
particuliers, soit surtout contre des employés;
je crois ne pas exagérer le nombre (j'en ap-

pelle à la bonne foi de l'ancien ministère , et au besoin , à MM. Franchet et de Lavau) , ce qui produit un total , dans les sept ans , de sept mille dénonciations. Parmi les personnes dénoncées , plus de cent ont certainement connu leur assassin moral ; eh ! bien, malgré que plus de cinquante de ce cent ont perdu , les unes leur avancement , les autres leur emploi , d'autres leur liberté, et que , dans ces sortes de crimes, le défaut de preuves rend le secours de la justice ordinaire presque toujours inutile, je défie que l'administration cite une personne tuée en duel , au sujet de ces dénonciations. La générosité et le pardon , voilà la vengeance en général que ces Français dénoncés ont opposée à ces êtres pervers que dans l'ancienne Rome civilisée on eût jetés dans le Tibre , et qui , chez d'autres peuples où le duel n'est pas permis , eussent peut-être cessé de vivre.

Prenons actuellement hors la septennalité , et dans la vie privée , l'année 1828 , car ma logique me porte nécessairement à penser que ce sont les duels qui ont eu lieu dans cette année, qui ont fait concevoir le projet de loi dont s'agit. Eh ! bien, durant cette année , il y a eu des dénonciations , peu il est vrai , parce que nos ministres actuels , grands et généreux , repoussent cette classe *pourrie* de délateurs qui naguères infectaient la France ; mais cependant il y en a eu, dont quelques - uns des auteurs pervers ont été connus des dénoncés ; continuons ; durant cette année il y a bien eu chaque jour, d'homme à homme, une offense ou outrage fait (abstraction de ceux qui ont été portés devant les tribunaux). On ne dira pas que je ne fasse bien ici de larges concessions, puisque, sur une population de trente millions d'âmes, j'admets qu'il ne se commet chaque jour, d'homme à homme, par paroles ou voies de fait, qu'un outrage ou offense, non déférés à la justice. Il résulte, de ce raisonnement, qu'il y a eu, dans cette année de 1828, trois cent soixante-cinq offenseurs (le lecteur comprendra que je pourrais dire trente-six mille cinq cents au moins). Eh! bien, je défie l'administration de prouver qu'il y ait eu dix personnes tuées en duel durant cette même année.

A cette observation si l'on joint celle, que jamais la France ne possédât autant d'hommes exercés à l'épée et aux armes à feu, que depuis la restauration, on sera forcé d'avouer, par le très-petit nombre de duels qui ont existé depuis cette époque, deux grandes vérités ; la première, que le pardon généreux est, comme je l'ai dit, de l'essence du caractère national ; la seconde, que l'exercice des armes est non-seulement nécessaire au développement du corps, à la santé, mais qu'il apprend à respecter et à être respecté ; que cette dernière vérité est tellement reconnue, malgré les sophismes de M. M... dans sa brochure publiée contre le duel ; qu'il est constant que, si, dans les sociétés, on reçoit une impertinence ou une grossiéreté, elle émane *en général* de ces rabougris ou de ces jeunes étourdis, qui ne connaissent ni le danger des armes, ni la prudence, ni l'honnêteté, qu'on enseigne dans les salles d'escrime. Je ne parle pas de cette honnêteté exigée pour les *salons*, mais de cette honnêteté qui ne blesse l'amour-propre de personne.

La rareté des duels résulte de cette grande civilisation vers laquelle s'est élevée la France depuis la révolution et surtout depuis la restauration. Cette civilisation a fait la portion de chaque chose. — Le remède, s'est-elle dit, à apporter aux abus qui pourraient résulter du duel, est celui-ci : Il faut propager le principe, 1.º qu'on ne déroge point aux lois de l'honneur, pour refuser le cartel d'un individu mal fâmé, d'un spadassin coutumier en provocation ; 2.º qu'on ne déroge point à l'honneur, pour ne pas donner le cartel, au sujet d'injures minimes reçues ; mais il faut bien se garder de proscrire le duel, pour les cas graves où celui qui refuserait à le donner ou à le recevoir, serait déshonoré aux yeux de ses concitoyens.

Tel est le remède que la civilisation du siècle a apporté aux abus qui auraient pu résulter du duel ; leur rareté prouve que le remède a été efficace. M. M... est lui-même forcé de convenir qu'il y a peu aujourd'hui de duels en France,

et cette vérité échappée sans doute involontaire-
ment à cet antagoniste du duel , vérité qui détruit
de fond en comble tout le contenu de sa brochure , me jette dans un double embarras pour
trouver le but que veulent atteindre , par la suppression du duel, ceux dont il n'a été , je crois,
que l'organe.

En attendant que je connaisse le résultat qu'on
attend de cette loi, si elle est adoptée, je répète
qu'elle est intempestive , et que jamais projet de
loi me parut moins fondé.

DEUXIÈME PROPOSITION.

*L'adoption du projet de loi entraînerait , pour la
nation , les conséquences les plus funestes.*

Pour prouver cette deuxième proposition ,
posons quelques principes , quelques vérités ,
quelques exemples et quelques réflexions.

Dans toute société il doit y avoir une règle
à laquelle chacun doit obéir ; cette règle ou au-
torité est ce qu'on nomme la loi.

Tout ce que la loi n'a pas prévu, tout ce
qu'elle a reconnu être au-dessus de sa puissance
de prévoir , ou tout ce qu'elle n'a pas voulu
prévoir , est du domaine du droit naturel.

Tout ce que la loi a prévu , soit qu'elle punisse ou ne puisse punir par défaut de preuves, est du domaine du droit positif.

Les lois sont faites pour les hommes, car elles sont venues après eux ; elles doivent être appropriées à leur besoin , à leur caractère , à leurs mœurs , à leurs préjugés même , lorsque ces préjugés et ces mœurs tendent à la gloire, à une noble indépendance, à la dignité de soi-même.

Toute loi dont la somme du bien est inférieure à la somme du mal , doit être rejetée.

Ces principes et vérités établis , voyons quelles en sont les conséquences , et d'abord examinons si le duel est dans nos mœurs.

M. M.... soutient que le duel n'est pas plus dans nos mœurs que le combat judiciaire. Quant à celui-ci, je partage l'opinion de M. M.... ; la civilisation et les lumières du 19me siècle certainement le repoussent , comme elles repousseroient le retour de ce temps où *on excommuniait les chenilles et les rats , et où l'on condamnait les cochons à être pendus par le bourreau en place publique.* Mais , quant au duel proprement dit , il n'en est pas de même , et l'on peut dire de lui ce que M le vicomte de Chateaubriant a dit si judicieusement de l'esprit du siècle : *Il a pénétré de toute part dans les têtes et le cœur de ceux qui s'en croient le moins entachés ;* et M. M...., malgré toutes les contradictions dans lesquelles il est tombé , a tellement reconnu cette vérité, sans s'en apercevoir, c'est qu'il dit : *Que tel Français qui se résignerait à la perte injuste d'un procès qui le ruinerait, qui se croirait déshonoré s'il refusait un cartel.* Oui, le duel est entré dans nos mœurs ; il y est, surtout depuis quarante ans, enraciné comme l'honneur. Nier qu'il n'est pas dans nos mœurs, c'est ignorer ce qu'on entend par mœurs, ou c'est, si on l'entend, nier l'évidence des faits ; qu'on ne dise pas qu'il n'existe que dans la tête de quelques Français, ce serait commettre un nouveau mensonge ou tomber dans une nouvelle erreur ; aujourd'hui, artisan, bourgeois, noble, soldat, sous-officier et officier, tous sont partisans du duel ; cette approbation qu'ils lui donnent, prend, on peut même le dire, sa source dans de nobles sentimens ; ces sentimens, restes du souvenir de nos victoires, et type actuel de nos actions, sont ceux-ci : *Respectons-nous, honorons-nous.*

Je pourrais rassasier M. M.... d'exemples qui lui prouveraient, je pense, que le duel est dans les mœurs de tous les Français, quelle que soit la classe à laquelle ils appartiennent ; que la masse des soldats l'a adopté et adopte comme principe d'honneur. Je pourrais lui dire que le point d'honneur est si puissant en France, qu'il est beaucoup de dames ou demoiselles, sans être les héroïnes de Sargine, ni des Spartiates, qui refuseraient la main de celui qui aurait manqué à ce noble sentiment. — Mais, pour éviter la

prolixité, je vais me borner à citer une anecdote toute récente, qui a eu lieu dans un régiment en garnison à Nismes. — Puis, je dirai
à M. M.... : *Ab uno disce omnes.*

« Un jeune artisan, voyageur, et passager à
» Nismes, reçoit un soufflet et des coups de
» poing d'un grenadier, premier maître d'armes
» de ce régiment ; le jeune homme, plein de
» courage et d'honneur, sachant lui aussi tirer
» des armes, lui propose un cartel. Ils se ren-
» dent sur le lieu du combat, assistés de leurs
» témoins respectifs, et suivis d'un grand nombre
» de citoyens que la curiosité entraîne. Les té-
» moins demandent à connaître le motif du duel ;
» j'ai reçu, dit le jeune homme, un soufflet, et
» comme *un soufflet*, ainsi que vous le savez,
» *vaut un coup d'épée*, en garde, dit-il à son
» adversaire. Le maître d'armes, soit que sa
» conscience lui reprochât ses torts, soit par un
» sentiment de crainte du résultat quelconque
» du duel, soit par toute autre raison difficile
» à s'expliquer, déclare qu'il ne se battra pas ;
» tu n'es qu'un lâche, lui dit ce jeune homme,
» tu n'es pas digne de porter l'habit que tu as ;
» à l'instant ; un des témoins du grenadier, té-
» moin dont la douceur du caractère et le cou-
» rage le faisaient admirer de tous ses supérieurs
» et camarades, s'avance : L'honneur du régi-
» ment, dit-il au jeune homme, me commande
» de me battre avec vous, puisque ce lâche re-

» fuse de le faire; l'artisan lui fait observer qu'il
» n'est pas dans son caractère de se battre avec
» ceux qui ne lui ont fait aucune offense; Eh!
» bien, lui dit le généreux champion, je vais
» vous traiter comme vous venez de traiter celui
» qui vient de refuser de se battre, si vous ne
» voulez pas vider la querelle avec moi. Le
» combat s'engage, l'artisan est légèrement blessé,
» le militaire qui n'était venu que pour être té-
» moin, tombe blessé mortellement, en pro-
» nonçant ces mots : Camarades, je meurs con-
» tent, *puisque je meurs pour l'honneur de mon*
» *régiment;* tous les témoins et spectateurs l'en-
» tourent, il meurt la valeur et le courage peints
» sur le visage, comme ils l'étaient sur celui de
» ces fiers Gaulois expirans dans les combats
» contre Ætius, général des Romains. Porté au
» cimetière, son cercueil est, par le peuple,
» couvert de fleurs, et le lâche qui avait refusé
» de se battre vit encore, mais sa vie est aux
» yeux de tout le régiment et de toute la ville
» un objet d'opprobre; son brevet de maître
» d'armes lui a été retiré, et il est obligé, par
» le mépris de ses camarades, d'abandonner le
» régiment. »

Cette anecdote à elle seule forme un tableau
frappant de nos mœurs : à l'égard du point d'honneur, elle prouve qu'il est des offenses dont la
nature ne permet pas, aux yeux de la nation,
de les tolérer impunément, et que le secours des

lois est insuffisant pour en laver la tache ; elle réfute à elle seule tous les sophismes de M. M...., qui prétend que le duel n'est pas dans nos mœurs, et elle détruit ses allégations mensongères à l'aide desquelles il prétend et a avancé que les cours royales et la France réclament la suppression du duel. Pour établir doublement la fausseté de ces dernières assertions de sa part , qu'il a eu soin d'appuyer de la citation de trois ou quatre pétitions que quelques individus ont lancées à la chambre des députés (et dont on devine la source), je présenterai à cet égard une réflexion qui répondra en même temps à ceux qui ont eu l'absurdité de trouver que le législateur avait compris le duel dans l'homicide ou l'assassinat, et qu'il ne peut pas être considéré comme défense légitime.

Le duel est un crime , ou il n'en est pas un ; s'il est un crime , comment concevoir que les procureurs généraux , impériaux, les cours impériales, les cours royales (à l'exception des deux ou trois arrêts de chambres de mise en accusation dont j'ai parlé) n'aient pas poursuivi ou fait poursuivre les duels qui ont eu lieu depuis l'émission de notre code ? Ce silence de leur part dans l'hypothèse , où contre toute vérité ils les eussent regardé comme crime , annoncerait d'ailleurs qu'ils ont reculé devant les mœurs nationales Si au contraire le duel n'est pas un crime , s'il ne participe ni de l'homicide prévu par l'article 295 du code pénal, ni de l'assassinat prévu par l'article 296 du même code, on ne peut concevoir, quand même on lui refuserait injustement la qualification de défense légitime, qu'on veuille aujourd'hui l'abolir, franchir des mœurs ou préjugés que la justice elle-même avait précédemment respectés ou tolérés, surtout lorsqu'il demeure d'hors et déjà prouvé qu'il n'y a eu jamais moins de duels qu'aujourd'hui.

Actuellement qu'il me paraît suffisamment démontré que le duel est dans nos mœurs, j'arrive aux conséquences de son abolition.

Le législateur sage doit chercher à modifier et à corriger peu-à-peu les mœurs, les préjugés d'un peuple, qui tendent à avilir ou dégrader celui-ci ; mais aussi le législateur doit bien se garder d'attaquer de front, comme je l'ai déja dit, les mœurs ou présugés d'un peuple, qui font le type de son honneur, le principe vital d sa force. Ce respect est tellement conforme aux principes de droit public et du droit des gens, que les conquérans même lui ont constamment rendu hommage ; le héros des pyramides d'Egypte, quelque absolu qu'il fût, respecta lui-même les sectateurs de l'alcoran, dans leurs mœurs, dans leurs préjugés. A cet appui j'ajouterai que les souverains même, qui, foulant aux pieds les lois divines et humaines, cédèrent jadis pour de l'argent et comme des troupeaux, des peuples ou peuplades, respectèrent (au moins politiquement) les mœurs et préjugés de celle-ci tant qu'elles vécurent sous leur domination.

Je dis donc qu'en abolissant le duel en France et le qualifiant crime ou délit , on attaquerait 1.º les mœurs et préjugés respectables de la nation ; 2.º on avilirait celle-ci en même temps qu'on violerait toutes les lois de l'équité.

Prouvons ce que nous avançons.

Quant à la première proposition , la preuve devient inutile, puisque j'ai démontré que le duel est dans nos mœurs et préjugés.

Quant à la deuxième de ces propositions , relative à *l'avilissement*, voici quels sont les élémens de ma conviction.

L'impunité est la mère des crimes comme celle des délits et des contraventions; dans la nation française comme dans toutes les nations, il est une classe nombreuse de gens qui sont retenus dans leur inclination aux offenses, aux outrages, aux injures, moins par les lois, que par la crainte d'une correction de la part de ceux qu'ils voudraient attaquer; ils savent, en effet , que la justice ne peut étendre partout son pouvoir salutaire, soit parce que ses organes ou ses agens ne sont pas assez nombreux, soit parce qu'il est des millions de cas, où les preuves d'un méfait ne peuvent lui être présentées; par exemple, tel homme qui sait qu'il pourrait sans être atteint par les tribunaux, frapper impunément son adversaire dans un champ, dans une rue où il n'y a personne autre, qui se retient parce qu'il appréhende la défense simultanée de celui-ci. Tel autre qui voudrait user dans un lieu isolé de la supériorité de ses forces physiques, pour donner à son ennemi un soufflet, ou un coup de pied au derrière, ou l'injurier dans son honneur, qui est retenu par la pensée, que plus tard l'autre l'appellera en duel ; de cette vérité que personne ne peut raisonnablement contester, il résulte qu'en supprimant, proscrivant le duel, on éléverait en faveur des lâches un trône d'impunité, on enrégimenterait la grossiéreté, la médisance, la dénonciation, la poltronnerie, et, par suite nécessaire, la corruption, tandis qu'on licencierait en même temps le courage, l'honneur, le droit naturel ; tels seraient les résultats de la suppression du duel, j'en appelle à la bonne foi de quiconque a la moindre notion de l'organisation du cœur humain.

Mais continuons à prouver que le résultat de l'abolition du duel produirait l'avilissement en France.

Je suppose que la loi proposée soit aujourd'hui adoptée, qu'arrive-t-il ? dès demain le poltron, le grossier marchent la tête levée. Le brave, l'homme honnête, l'homme décoré (la classe de celui-ci est nombreuse aujourd'hui), sera contraint d'éviter les lieux publics, de céder toujours le pavé, de baisser les yeux, s'il ne veut pas être exposé à recevoir d'un de ces anti-

duellistes quelques offenses ou invectives, qui
tarderont d'autant moins à être faites, que ceux-
ci sauront que le duel est défendu, et d'autre
part, que cet honnête homme, ce brave qu'ils ont
insulté, n'est pas disposé à se coletter avec eux;
c'est ainsi que cette fierté française se verra
comprimée, avilie, s'abâtardir, et verra à ses
côtés l'impertinence et la lâcheté se naturaliser
chaque jour.

A ces exemples cités, joignons celui-ci : je
raisonne toujours dans la supposition que le duel
est défendu.

Un officier français se trouve dans un café ou
dans une réunion de gens dits *comme il faut*. Une
discussion s'élève entre lui et un membre de la
société, homme d'honneur, mais vif et emporté ;
l'officier reçoit un soufflet, que fera-t-il ? propo-
sera-t-il un duel ? il sera compromis si l'autre
l'accepte. L'offenseur refusera-t-il le cartel, sous
le prétexte que le duel est défendu ? il ne restera à cet officier d'autre moyen réel de vengeance
que de continuer la scène à coups de pied, à
coups de poing, de chaise, et encore l'offenseur,
doué peut-être d'une force physique supérieure,
le fera-t-il repentir de n'avoir pas suivi le
précepte de l'évangile : *Si quelqu'un vous a frappé
sur la joue, présentez-lui l'autre.* Je dis qu'il
ne restera à l'officier d'autre moyen réel de
se venger que celui de se battre comme les
rustres à coups de pied et de poing, car, s'il

s'adresse à un commissaire de police, ou à un procureur du roi, pour qu'ils le vengent, ses camarades le considéreront comme un lâche, malgré l'abolition du duel ; il en est qui peut-être lui arracheront les épaulettes et les rubans, et dans tous les cas il ne sera plus aux yeux de ses soldats qu'un *Dom-Quichotte*, un *second M. de Vautour.*

A l'exemple que je viens de citer, je crois entendre beaucoup d'officiers français et beaucoup de français civils s'écrier : Si un tel offenseur me refusait le cartel, soit que cette loi, digne du 13.ᵉ siècle, existât ou non, je le traverserais de mon épée. Moi je leur dirais : *Retenez-vous, modérez-vous, patience ! Dieu a donné l'exemple de la patience ; jetez les yeux sur toutes les croix qui ont été plantées en France, aimez vos ennemis comme le dit l'évangile, priez pour ceux qui vous persécutent ; écoutez ces vertueux missionnaires, qui, depuis quatorze ans, prêchent si énergiquement le pardon ;* suivraient-ils mes conseils ? c'est ce qui n'est pas certain, et ce doute augmente chez moi lorsque je considère que par une bizarrerie sans pareille du projet de loi dont s'agit, l'officier serait, s'il tuait son offenseur en duel, puni d'une peine plus forte que *s'il le tuait non armé* au moment de l'offense reçue. La générosité serait plus maltraitée que l'emportement et la colère.

Que M. M.... ne me dise pas que je suis dans

l'erreur dans mes citations ou suppositions ; car, d'après l'article 326 du code pénal, cet officier ne pourrait être condamné qu'à une peine correctionnelle, s'il tuait son adversaire au moment du soufflet reçu ; tandis que, s'il le tuait en duel, il pourrait être condamné, d'après les principes de M. M..., au bannissement ; peine plus funeste dans ses conséquences que la première.

J'ai parcouru jusques à présent, dans mes exemples, le cercle commun des inconvéniens funestes que produirait l'abolition du duel ; je vais passer à un ordre d'idées plus élevées.

Un officier français sera à Paris ; il aura une discussion avec un officier anglais, russe, allemand ou prussien ; celui-ci l'outragera dans son honneur, lui donnera un coup de pied au c... ou un soufflet ; faudra-t-il que l'officier français lui dise, au préjudice de l'honneur national ; *Jadis, imbu des maximes du guerrier suédois Fronton, je vous attaquais lorsque vous n'étiez que deux, je ne me tenais sur la défensive que lorsque vous étiez trois ; mais aujourd'hui.. je ne me bats pas ?* Quelle opinion emporteraient dans leur patrie ces Anglais, Russes, Allemands ou Prussiens, du Français ? la réponse se devine : Cette nation, diraient-ils, est corrompue, avilie ; le temps des *Thermopyles impériales n'existe plus pour elle.*

Que les partisans de la suppression du duel réfléchissent donc à toutes les conséquences qu'entraînerait pour l'honneur du pavillon français et pour nos destinées l'anéantissement de ce point d'honneur , d'où naquirent les héros de Marengo, de Friedland , d'Austerlitz, de Wagram , etc.; qu'ils apprennent que les peuples où le duel fut supprimé par l'oppression ou par l'effet de l'ignorance , tel qu'en Céphalonie , en Corse et dans les Indes occidentales , et autres peuples de l'Europe , les crimes de l'assassinat , du poison , remplacèrent le duel ; crimes que le désespoir fit souvent commettre à des hommes justement courroucés , mais néanmoins crimes qui avilissent la morale ; que ces partisans de l'abolition du duel sachent qu'il est , en général , des passions humaines , soit haine , soit vengeance , comme des fleuves ou rivières à qui il faut donner une issue quelconque , pour éviter qu'ils débordent ; et qu'ils sachent que , l'homme n'étant pas né parfait , le moindre mal est un bien ; qu'ils se pénètrent bien , enfin , que l'abolition du duel détruirait chez le Français cette force morale qu'il possède , force qui fut et sera toujours le véhicule de sa gloire , de cette gloire qui le place au-dessus de tous les autres peuples de la terre , et qui s'oppose à ce qu'on fasse de lui un *automate*.

Je pourrais terminer ici mes observations sur le projet de loi dont s'agit , mais j'éprouve le besoin de répondre aux objections que les partisans du projet , notamment M. M...., ont présentées.

Ces objections sont si faibles de raisonnement,

il faut le dire d'avance, si usées, que, si nous
vivions sous un Roi moins grand, moins loyal,
moins éclairé que Charles X, on serait tenté de
comparer ce projet de loi, relatif au *point
d'honneur*, à cet ordre qui, sous l'empereur
Constance, avait été donné de chasser de Rome,
(sous le prétexte de la famine) tous les phi-
losophes courageux et illustres, avec la recom-
mandation cependant de *conserver dix mille
pantomimes*.

Ire OBJECTION

En faveur du projet de loi.

Si on laisse subsister le duel, un homme sans
mœurs, sans probité, sans foi, sans principes,
pourra racheter l'infamie de sa vie entière, s'il
se rend maître des jours de son adversaire ;
tandis que l'honnête homme, qui aura constamment bien servi sa patrie, qui peut la servir encore, qui a rempli ses devoirs, perdra l'estime
de ses concitoyens, s'il refuse de souiller sa
main d'un homicide.

Réponse. — Cette objection est le comble du
ridicule. D'abord, je fais observer, comme je
l'ai déjà fait, que, grâce aux progrès de la
civilisation actuelle, celui qui refuserait un
duel avec un tel homme ne serait pas considéré comme dérogeant aux lois de l'honneur ;

mais bien considéré comme conservant le respect qu'il se doit à lui-même ; 2.º que, dans le cas où il s'oublierait au point d'accepter le cartel, celui-là n'en resterait pas moins un être vil, et d'autant plus vil, que sa mauvaise réputation le ferait toujours présumer l'offenseur, et dès-lors la cause efficiente du cartel et de ses résultats.

J'ajoute que cet homme qui aurait rendu dès services à l'état, ou le servirait, ne pourrait perdre l'estime de ses concitoyens que dans le cas où, passant du bien au mal, *comme on en a vu que trop d'exemples*, il refuserait un duel d'un citoyen vertueux qu'il aurait lâchement outragé dans l'abus d'un pouvoir qui lui aurait été confié ; que le mépris public l'atteindrait avec d'autant plus de raison, que la lâcheté suppose tous les vices ; et qu'à la lâcheté il ne fut jamais permis de *revêtir le manteau de la vertu*.

II.ᵐᵉ OBJECTION.

Un cartel ne dénote pas toujours un vrai courage dans celui qui le propose ; la loi ne doit pas permettre que l'homme inexpérimenté dans les armes, accepte un cartel, car c'est une victime qui marche au supplice.

A l'appui de cette objection, M. M.... cite un duel qui eut lieu, il y a quelques années,

entre un officier spadassin et un élève en droit,
duel où, selon ce qu'il rapporte, les lois de la
générosité et de l'honneur auraient été oubliées
de la part de cet officier.

Réponse. — Le cartel est, au contraire, selon
moi, la preuve du courage (j'excepte ces gens
mal fâmés, provocateurs de profession, dont
j'ai parlé), soit qu'on le propose, soit qu'on
l'accepte. Celui qui le propose est indubitablement
un observateur du principe, *ne fais pas à autrui
ce que tu ne veux pas qu'il te soit fait* ; par cela
même qu'il respecte son semblable, il veut en
être respecté ; son offenseur est-il plus fort que
lui sur les armes, la preuve de son courage devient doublement patente. Est-il au contraire
plus exercé aux armes que son adversaire, il
sait qu'entre l'offenseur et l'offensé mille moyens
existent d'égaler la partie ; que celui dont il a
reçu un outrage, peut, par un courage supérieur
au sien, mettre la chance de son côté, surtout
si le combat a lieu à l'arme blanche, et que, s'il
a lieu au pistolet, le perfectionnement aujourd'hui
de cette arme est tel, que l'avantage est presque
toujours balancé.

Ainsi, disons et répétons avec tous ceux qui
savent apprécier le courage, que celui qui accepte ou propose un duel fait toujours preuve
qu'il possède cette vertu, et qu'il n'appartient
qu'à ceux qui ne connaissent pas les chances d'un

duel, ou qu'à ceux qui font *plus de cas de cette vie* que de celle de l'autre monde, de peindre comme une victime conduite au supplice, celui qui, sans être spadassin, accepte un cartel.

En ce qui touche l'anecdote citée, c'est-à-dire, le duel passé entre cet officier et cet élève en droit (anecdote que M. M.... me paraît avoir, je crois, un peu plâtrée), je répondrai qu'elle ne peut faire le moindre poids dans la question, et qu'elle n'a pas même le mérite de l'à-propos. En effet, ce moyen est aussi faible en raisonnement, que je serais moi-même ridicule, si je lui disais : Un chasseur a rencontré hier dans son champ un individu, il lui a tiré un coup de fusil, par conséquent il faut proposer de défendre le port d'armes et le droit de chasse à tous les Français ; M. M.... qui me paraît un homme prompt à la répartie, me répondrait (je suis convaincu) *que ma proposition est une absurdité ; que ce crime ne peut pas, comme le péché originel, retomber sur nous tous ; qu'il n'y a pas solidarité entre les hommes pour les délits ou crimes qu'un ou quelques-uns d'entr'eux peuvent commettre ; que ma proposition volcaniserait les Français, parce que nous ne sommes plus au temps, où les nobles seuls avaient le privilège des droits de chasse, comme ils avaient, ainsi que* leurs domestiques, *celui exclusif de porter l'épée.* Eh ! bien, je réponds à M. M... avec les mêmes armes, que les lois qui ont prévu le cas cité ont prévu celui où d'un duel on fait un assassinat.

Je vais présenter une espèce, qui, j'ose le dire, est plus digne de la méditation et de l'attention du Gouvernement que l'anecdote de M. M....
« Un négociant apprend qu'un rival de son commerce, ou un ennemi particulier, a répandu contre lui, dans *cent maisons particulières*, qu'il a forfait à l'honneur ; que cet ennemi a attaqué en même temps l'honneur de sa femme ou de sa fille, s'adressera-t-il à la justice pour obtenir vengeance ou réparation ? les tribunaux lui répondront : Nous ne pouvons recevoir votre plainte, nous ne pouvons vous écouter , parce que la calomnie n'a pas eu lieu dans *un lieu public* , et que la loi, dans ce cas , ne punit pas le calomniateur ; après cette impossibilité d'obtenir vengeance de la justice , supposons que ce négociant aille, armé, trouver son ennemi, et qu'il lui dise :
« L'assassin moral est aussi lâche que l'assassin
» physique; celui qui, avec préméditation ou sans
» préméditation , chercherait à m'ôter la vie,
» j'aurais le droit de le tuer sur-le-champ, car
» la défense légitime permet de repousser la force
» par la force ; tu m'as assassiné moralement
» hors ma présence, tu as compromis ma fortune en attaquant mon honneur qui faisait mon
» crédit , tu as perdu pour toujours mon repos
» et celui de mon épouse et de ma fille, desquelles
» tu as terni la réputation; si j'étais aussi lâche

» que tu as été scélérat, je t'ôterais la vie à
» l'instant, mais, généreux dans la vengeance, je te
» permets d'aller t'armer, et nous combattrons. »

» Ils combattent; l'outragé (peut-être moins
exercé aux armes que son vil adversaire) a le
bonheur de triompher; que dira la masse de la
France ? Elle approuvera, j'en appelle à tout
homme qui connaît l'esprit de son pays, la conduite du négociant, elle regardera dès-lors les
imputations comme calomnieuses, ce qu'elle ne
ferait peut-être pas, si le duel n'eût pas eu lieu,
et cependant, tandis que les mœurs, les préjugés
ou principes d'honneur de la France applaudiront
l'offensé celui-ci, sera arrêté, traîné par la gendar-
merie dans les prisons, condamné peut-être au bannissement, car, pour échapper à cette peine ter-
rible qui sera par ses conséquences la ruine, la
désolation de sa famille, il faudra qu'il prouve,
conformément à cette loi, que l'outrage émane
de son adversaire, moyen qui sera superficiel,
puisqu'on lui répondra : *La loi ne considère pas
comme outrage celui dont vous vous plaignez.* »

L'espèce que je viens d'exposer sera la dernière, car la prolixité ennuie tout le monde, et
ne persuade pas celui qui veut persévérer dans
ses erreurs.

Je placerai cependant ici une réflexion qui
me paraît opportune. Plusieurs anti-duellistes
(qui entendent le mot *patrie* à leur gré et bon
plaisir), appuient l'abolition du duel, soit sur

le motif que la vie d'un citoyen est à sa patrie, soit que personne ne doit se faire justice à lui-même.

Ces deux principes sont vrais en général, mais ils ont, comme tous les principes, leurs exceptions, et c'est ici que je réclame l'attention particulière du lecteur.

Le mot *patrie*, en *termes politiques* ou de droit public, signifie *intérêt général*, par conséquent, réunion des intérêts privés.

Dans un gouvernement monarchique constitutionnel, ceux chargés de veiller, protéger, diriger ces intérêts généraux, selon la portion des droits que la constitution donne à chacun d'eux, se nomment *l'état*; mais eux seuls ne sont pas l'état.

Dans les gouvernemens absolus, ceux qui sont chargés de veiller, protéger, diriger ces intérêts généraux, se nomment *roi* ou *empereur*, mais ils ne sont pas non plus, eux seuls, *l'état*; aussi Louis XIV erra-t-il, quand il dit : *L'état, c'est moi*.

C'est dans ce sens qu'en politique les mots *patrie* et *état* sont synonymes.

Chaque citoyen, ayant une fraction de cet intérêt général, est considéré sous ce rapport comme une fraction de cette patrie; et comme l'intérêt particulier de chaque citoyen est attaché à la conservation de cet intérêt général appelé *patrie*, et que cet intérêt individuel doit céder à l'intérêt général , comme le moins cède au plus , il a été établi avec raison que la fortune, la vie même d'un citoyen *doivent au besoin être sacrifiées à la patrie générale.*

Mais , tant que cette patrie ou intérêt général ne réclame rien de moi, ma patrie individuelle , si je puis ainsi m'expliquer , *c'est moi*, chargé de la protéger , de la défendre par tous les moyens que la *justice humaine* et la *nature* m'ont donnés.

Cette patrie individuelle ou intérêt particulier se compose de ma propriété , de ma personne , et surtout de mon honneur ; cette personne ou ma vie , je suis disposé certainement à la sacrifier au *besoin* de l'intérêt commun , mais je ne renonce pas pour cela à la laisser avilir, et dès-lors à ne pas en disposer , ou ne pas m'en servir , lorsque cette personne ou cet honneur sont compromis ; l'exigence de cette renonciation violerait tous les principes.

En effet , que penserait-on d'un homme qui dirait à celui qui aurait eu la générosité de lui offrir sincèrement l'usage de sa bourse : *Vous avez manqué à votre devoir, en vous servant, depuis votre offre ou promesse, de votre argent ; vous dites que vous en avez eu besoin pour votre médecin, parce que vous avez été malade ; vous avez eu tort d'être malade.*

On s'écrierait : C'est le langage d'un fou ou d'un despote , car si ces prétentions pouvaient être justes, le généreux serviteur n'aurait pas dû dire : Je vous offre le service de ma bourse , mais aurait dû dire : *Je vous offre la permission de disposer de la vôtre.*

Mais présentons une réflexion d'un autre ordre. Personne n'ignore que des guerres terribles ont souvent eu lieu entre souverains , pour la satisfaction unique d'une injure faite à des courtisans , pour des étiquettes non observées , pour une mauvaise plaisanterie , pour des intérêts financiers minimes et si minimes pour la nation , que l'avantage pour chaque citoyen équivalait à zéro. Je pourrais certainement, et les exemples ne me manqueraient pas , citer , à ce sujet , plusieurs époques. Eh ! bien , un Français qui aurait combattu dans ces guerres , n'aurait-il pas pu dire : *Je suis allé combattre aveuglément , il n'en est résulté rien d'utile pour ma patrie ni pour moi ;* et vous osez me refuser la faculté de défendre mon honneur qui forme mes plus chers intérêts ? Votre prétention est par trop injuste , pour que vous ne l'abandonniez pas. J'aurai recours aux tribunaux pour les offenses que j'aurais reçues , et dont ils peuvent me venger , mais quant à celles dont ils ne peuvent me venger ni me laver , j'obéirai aux mœurs de mon pays , à ces mœurs qui ont un tribunal suprême qu'on nomme l'*opinion publique.*

Je crois avoir prouvé que le duel n'est pas opposé aux principes généraux , que la vie d'un

citoyen doit être vouée à la patrie, ni à ceux
que l'on ne peut se rendre justice soi-même ;
je vais actuellement faire ressortir combien a été
pitoyable la conception de M. M...., lorsqu'il
offre comme moyen d'anéantir le duel celui de
faire prêter serment aux sous-officiers, officiers,
maréchaux de France et capitaines des gardes
de ne jamais se battre en duel.

Je dis que cette conception est pitoyable, et
je le prouve. Les législateurs de la plus haute
antiquité ont reconnu, il est vrai, que le serment est le lien le plus fort avec lequel on puisse
contenir les hommes *libres* dans leurs devoirs.
Les législateurs modernes ont eu la même pensée ;
mais ils n'ont jamais eu la stupidité d'en faire
une *contrainte* ; établissons une espèce. Le Roi
nomme un individu officier ; celui-ci est libre d'accepter ou de refuser la faveur ; s'il l'accepte, c'est
qu'il consent à se soumettre à tout ce que com-
porte et exige la place, dès-lors il ne peut refuser
de prêter un serment qui n'est qu'une garantie morale qu'on exige de lui ; qu'il remplira réelle-
ment le devoir qu'impose son acceptation : ces
devoirs, il les connaît avant d'accepter l'emploi.
— Mais, si, après cette prestation de serment,
on venait lui dire : Nous exigeons que vous
prêtiez serment d'observer tel ou tel principe
que son opinion repousserait, ou qui, d'après
son opinion fondée ou non, lui paraîtrait contraire à l'honneur, à la bravoure, ne serait-il

(39)

pas autorisé à vous dire : « Je ne m'y soumets pas.
» Lorsque j'ai accepté ma place, vous ne m'avez
» pas soumis à un tel serment, et, si vous l'eus-
» siez fait, peut-être eussé-je refusé l'emploi ; ——
» *l'homme libre prête serment, mais non l'esclave.* »

Exiger un pareil serment est, comme on le
conçoit, ôter aux sermens son essence, qui est
la liberté ; c'est vouloir en faire un serment *Génois,*
ou un serment à restriction mentale , c'est
vouloir créer le parjure , car ce serment succom-
berait devant la force des préjugés et du caractère
national qui permettent le duel. Ce serment
serait aussi bizarre que si vous disiez à un officier de jurer que s'il lui arrive un jour de recevoir un coup de pied au c....., il devra re-
pondre : *Je méprise ce qui se passe derrière moi.*

Jésus-Christ a dit : « Ne jurez pas, ni par
» le ciel, ni par votre tête, car vous ne pouvez
» en rendre un seul cheveu noir ou blanc.
» M. M...., pour nous prouver que Jésus-Christ
» s'est trompé, et qu'on peut voir blanchir ses
» cheveux, prétend dans son hygiène qu'on n'a
» besoin, pour cela, *que de jurer qu'on ne se*
» *battra pas.* »

Monsieur M...., dans son opuscule que je com-
pare aux œuvres de messire *Perachon* dont
parle *Despréaux* dans ses lettres, ou à celles des
Metieus, Suffenus, Varius, dont parle *Catulle,*
aurait dû au moins être juste ; je m'explique :
Il exige que le militaire dont la profession est

de se battre, prête serment de ne jamais accepter ou donner un cartel ; il aurait dû a plus
forte raison (car il faut être conséquent, même
dans les absurdités) proposer de contraindre
les hommes de l'état civil à la même prestation ; le moyen lui a paru peut-être impossible,
mais, s'il eût réfléchi, il eût compris que le
moyen serait facile, en ordonnant *que ce serment serait reçu, paroisse par paroisse, par un
missionnaire ou jésuite à ce délégué.*

Depuis la publication de sa brochure, il a dû
s'apercevoir que son zèle en faveur de la suppression du duel lui a fait oublier beaucoup
de choses ; en effet, il a oublié, à ce qu'il paraît,
de demander le rapport des dispositions de la
loi salique qui mettait à prix, depuis un sou
jusqu'à quinze, les coups de bâton ; il a oublié
de demander que les ordonnances de Charle-
magne, qui ne permettaient de se battre qu'à
cette arme fussent remises en vigueur ; il a oublié,
enfin, de proposer qu'on ouvrît en France des
salles de *boxeurs*, dont l'Hercule du nord serait
le *grand-maître.* Nous réserverait-il un supplément. C'est ce que j'ignore ; mais il me permettra de lui faire observer que, quelque lumi-
neux que pourrait être ce supplément, il serait
dans ce cas beaucoup mieux, en sa qualité
d'élève de *Justinien*, de corriger et publier en-
suite le plaidoyer que fit *Barthole* contre le
diable, que de penser qu'il prouvera, au nom

de Dieu, qu'on doit aimer son prochain *plus que soi-même.*

Je m'arrête, car M. M.... pourrait croire que j'ai surpassé les bornes du *quid ludere ineptum vetat?* Ce qui n'est nullement entré dans mes intentions, sachant que, dans une matière aussi grave, je devais jeter au loin le fouet même de Juvenal.

Je me résume.

Je repousse de tous mes vœux le projet de loi sur le duel,

1.° Parce que le duel est enraciné dans nos mœurs comme l'honneur ; 2.° parce que la civilisation et la sagesse de la nation ont suffi depuis la restauration et suffiront pour mettre un frein à l'abus du duel ; 3.° parce que le duel entretient ce courage, cette noble fierté, d'où naissent les guerriers, les héros qui soutiennent les sceptres et les états ; 4.° parce que l'abolition du duel favorisait la lâcheté, la poltronnerie, l'injustice, l'outrage et le despotisme ; 5.° parce que, semblable dans ses résultats aux ordonnances de Tarquin, elle détruirait tout ce qu'il y a de grand, d'élevé dans le cœur de l'homme ; 6.° parce qu'elle ôterait au faible tout espoir de réparation aux offenses, si plus tard on créait en France une magistrature aristocratique et factice ; 7.° parce qu'elle pourrait servir un jour à élever contre la postérité un trône de fer sur le cercueil de l'honneur et de la liberté ; 8.° parce qu'elle enfanterait l'assassinat et le poison ; 9.° parce qu'elle nous soumettrait à cette servitude du temps d'Auguste , mille fois plus corruptrice et funeste qu'une tyrannie absolue ; 10.° parce qu'elle nous reculerait au-delà du règne de Louis le Débonnaire , sous lequel le duel était permis ; 11.° parce qu'elle mettrait pour le moins notre politique *en partie double* , la servitude et l'honneur sur deux lignes parallèles ; 12.° parce qu'elle ferait injure à un peuple qui , par sa gloire et la douceur de ses mœurs , a acquis des droits à la liberté et à l'admiration de tous les peuples de l'univers ; 13.° enfin , je repousse de tous mes vœux ce projet de loi , parce que , dans l'hypothèse même où l'on *arrondirait* notre code pénal de lois les plus terribles contre le duel , les hommes trouveraient toujours le moyen de les éviter , tant que la défense légitime ne sera pas rayée du droit naturel et du droit positif.

Ce 27 juin 1829.